Snežana Stefanović

Serbian Reading Book "Idemo dalje 4"

Reading Texts in Latin and Cyrillic Script

Level A2 – B1

Intermediate Low / Mid / High

2. Edition

SADRŽAJ – САДРЖАЈ

INTRODUCTION

The reader "Idemo dalje 4" for language levels A2-B1 (Intermediate Low/Mid/High) contains two short stories written as reading texts in both Serbian alphabets – Latin and Cyrillic. In addition to improving vocabulary and syntax, learners also benefit from valuable practice in learning the Cyrillic alphabet. The texts and themes are carefully adapted to the grammatical nuances of language levels A2 to B1 and are aligned with the Common European Framework of Reference for Languages (CEFR).

For better understanding and as a helpful reference, the book begins with a table of the Serbian Cyrillic alphabet. Furthermore, a comprehensive Serbian-English vocabulary list at the end of the book provides additional support for consolidating language skills. "Idemo dalje 4" not only facilitates language development but also promotes a nuanced understanding of Serbian at an intermediate language level.

For more information, please visit: https://serbian-reader.com

Ponovni susret

Branislav je stajao pred ogledalom u kupatilu i vezao je kravatu. Vezao je polako šarenu, malo staromodnu kravatu i bio je dobro raspoložen. Nije ni sam znao zašto. Imao je razgovor za posao. On se nikad nije bojao razgovora za posao. Bio je elokventan, uvek opušten i voleo je da priča s ljudima. Osim toga čekao ga je razgovor za posao preko skajpa.

To je bio plus – skajp. On je voleo kameru. Voleo je da bude u centru pažnje i da ga ljudi slušaju. Možda zato što je nekad davno hteo da bude glumac. U gimnaziji je bio u glumačkoj sekciji, bio je glavna zvezda u svakoj predstavi i voleo je da stoji na pozornici. «Trebao sam biti glumac.» - pomislio je sada Branislav. «Zašto sam otišao u privredu? Šta mi je to trebalo?»

Branislav je zavezao kravatu. Nasmešio se svojoj slici u ogledalu i pogledao svoje gole noge. Nosio je samo košulju, odelo ga je čekalo u spavaćoj sobi.

Na putu u spavaću sobu on je zapevao svoju omiljenu starograd-
sku pesmu.

U tom Somboru svega na volju,

svega ima to j´ istina,

pa i žene piju vina

u tom Somboru.

U spavaćoj sobi je na krevetu ležalo njegovo tamno odelo: pan-
talone i sako. Branislav je razmišljao kratko, a onda je nastavio da
peva pesmu, ali ne sledeću strofu nego zadnju strofu koju je najviše
voleo:

Ženiću se ja, žena mi treba,

koja znade dobro radit´,

a ja ću se gospodarit´

po tom Somboru.

Dok je pevao, proverio je jesu li pantalone čisto. Video je mrlju i
pokušao je da je istrlja, ali mrlja nije nestala. Onda je pogledao sako.
On je bio u redu, izgledao je kao nov. Obukao ga je i onda otišao do

ormana. Otvorio je orman i razmišljao koje pantalone da obuče. U ormanu su visila još dva odela: jedno venčano odelo koje mu je sada sigurno bilo premalo i još jedno odelo koje je kupio pre par godina. I to drugo odelo nije bilo bolje od odela na krevetu. Bilo je iznošeno i zgužvano jer ga je nosio često i rado.

«Da li mi uopšte treba odelo?» - pomislio je Branislav.

Onda je pogledao pantalone na krevetu i obukao ih je.

«Ah, na skajpu se ne vidi da li pantalone imaju mrlju ili ne.»

Pogledao je na časovnik. Bilo je pet minuta do pet.

Otišao je u dnevnu sobu, seo za pisaći stol i uključio skajp na kompjuteru.

Čekao je kratko i ubrzo je čuo poziv. Pojavila se slika sa ženskom glavom. Branislav je pripremio pozu i nakašljao se.

Mlada žena se nasmešila:

- Dobar dan!

- Dobar dan! – rekao je Branislav veselo.

- Ja sam Sanja Dohovac, vaša sagovornica za razgovor za posao.

- Drago mi je. Ja sam Branislav Zorić.

Mlada žena se opet nasmešila i rekla:

- Moram da Vam odmah kažem da sam dobila Vaše papire pre minut jer je moja koleginica bolesna i...

Branislav ju je prekinuo:

- Sanja Dobovac?

- Da.

- Sanjica? ... Jesi to ti?

- Molim?

- Sanjica iz druge klupe levo?

Devojka je bila nesigurna:

- Da...

- Škola na Voždovcu?

- ... Da?

- Osnovna škola Đura Daničić na Voždovcu?

- Da.

- Zar me ne poznaješ? To sam ja. Branislav. Brane.

Sada je devojka razvukla usta u osmeh:

- Brzi Brane?

- Da, da, brzi Brane.

- Nemoj da se šališ! To si ti?

- Da, to sam ja. – potvrdio je Branislav.

- Pa kako to izgledaš? Gde ti je kosa? I kako sada imaš okruglu glavu!

- Hahahahaha, okruglu glavu! – smejao se Branislav. – A kako ti imaš veliku glavu! Valjda zbog loše frizure! Hahahahahaha...

Sanja se i dalje smejala:

- I vicevi su ti ostali loši! Hahahaha ... Bio si brz u basketu, ali spor u glavi.

Branislav se isto dalje smejao:

- Ah, Sanjice, moji vicevi nisu loši – ti ih i dalje ne razumeš! Hahahahaha. Bila si mnogo pametna, ali nikad nisi kapirala dobre fazone. Hahahahaha ... Znaš šta sam pevao pre ovog razgovora? ... Ne bi verovala! «U tom Somboru». Tvoju omiljenu pesmu.

- Stvarno?

- Da. Pevao sam tu pesmu i ti kao da si je čula, hahahahaha...

Branislav je ponovo zapevao:

- *U tom Somboru svega na volju...*

Sanja ga je prekinula:

- Daj, Brane, nemoj da mi sad pevaš, imaš loš glas.

Branislav je odgovorio:

- Imam super glas. Svi su govorili kako super pevam.

- Znam, znam, bio si glavni tip u našem odeljenju.

- A ti si bila najpametnija devojka koju sam upoznao u celom mom životu.

Sanja se odjednom zbunila:

- Je li?

- Da ... Pa šta radiš?

- Gde – ovde?

- Da, tu na ekranu, hahahahahaha...

- Čekam tvoj poziv, hahahahaha. Malo je potrajalo. Ima već 15 godina. Već imamo 30 godina, Brane. Znaš to?

Brane se nasmejao:

- Ja ne znam kako je kod tebe, ali ja se osećam kao da imam 20. A kako se osećaš, toliko si i star.

- Da, večno dete, hahahahaha...

- Kod tebe se ne vide godine. Ti izgledaš jednako lepo kao pre 15 godina.

Sanja je zastala:

- ... Da?

- Da, da. Izgledaš sjajno. Znaš da sam bio zaljubljen u tebe?

- ... Ti u mene? ... Ma daj!

- Da, stvarno. Bio sam zaljubljen u tebe preko ušiju.

- Nije istina. Nisi bio zaljubljen u mene, bio si zaljubljen u Megi. U našu lepu Megi.

- Nisam.

- Nisi? Hahahahaha. A zašto si onda oženio Megi? I to odmah

posle mature. Naša lepa Megi i naš lepi Brane nisu došli do univerziteta jer ljubav je bila prejaka. Zar ne?

- Nije bilo tako. – rekao je Branislav.

- Ne? Je li te možda ona molila da je oženiš?

Branislav je sada postao ozbiljan:

- Da, ona me je molila.

Sanja je sada zastala. Onda je posle pauze rekla:

- Ah, pustimo to.

- Megi me je molila da je oženim jer je imala problema.

- Kakvih problema?

- Problema sa stomakom.

- ... Sa stomakom?

- Da. Imala je dete u stomaku.

- Hoćeš da kažeš da je bila trudna?

- Da.

Sanja je kratko razmišljala:

- Tvoje dete?

Posle kratke pauze Branislav je rekao:

- Ne, to nije bilo moje dete.

Sanja je kratko gledala Branislava:

- I ti si bio džentlmen?

- Da.

- ... Zašto, ako smem da pitam?

- Kad me ti nisi htela.

- Ma daj!

- Ma ozbiljno!

- Nemoj da pričaš gluposti!

- Zašto si stalno gledala onog štrebera Sinišu? On je bio stariji i ja nisam imao nikakve šanse.

- Bre Brane, Siniša je moj rođak.

- ... Rođak?

- Ma da, rođak. Zar nisi to znao?

- ... Tvoj rođak?

- Da, familija Pavlović je u rodu s nama.

- Da?

- Da.

- Ah, tako ... E, to nisam znao ... Ah, da sam znao!

Sanja se nasmejala:

- Da si znao, ti bi me oženio i mi bismo bili večno zajedno. Dok nas smrt ne rastavi, zar ne? Hahahahahaha...

- Hahahahaha, tako je. I sada te ne bih molio za posao.

Oni su se smejali još kratko, a onda je Sanja rekla:

- Brane, zašto tražiš posao? I zašto si u Somboru?

- Preselio sam se s Megi dve godine posle venčanja. Megi je iz Sombora.

- Ah, da, ona je iz Sombora. A zašto tražiš posao? Pre pet-šest godina neko mi je rekao da imaš super firmu.

- Imao sam super firmu, to je istina. Ali sada više nemam firmu.

- Prodavao si mašine za pakovanje meda, zar ne?

- Da. Otkud znaš?

- Čula sam.

Branislav je uzdahnuo:

- Da, sve je bilo super, ali onda me je moj kolega mehaničar napustio i zato više niko nije mogao da održava naše mašine.

- I zato je tvoja firma otišla u konkurs?

- Hahahahaha. Da. Kako znaš? … Imao sam jednu mušteriju koja je kupila sedam mašina i sve mašine su se pokvarile. Pravi baksuz. Moj kolega me je ostavio i ja nisam mogao da održavam mašine. Mušterija me je tužila i dobila je proces. Samo ja mu nisam mogao ništa da platim jer u međuvremenu niko nije hteo da kupi mašine koje nemaju servis za opravke.

Sanja je kratko gledala Branislava:

- Znaš, Brane, ta mušterija – to je bio moj muž.

Nastala je pauza. Onda je Branislav rekao:

- Jovan Ilić?

- Da.

- Ali ti si rekla da se prezivaš Dobovac.

- Razveli smo se i ja sam uzela moje devojačko prezime.

- Oh ... Ozbiljno? ... Žao mi je. Baš mi je žao, Sanjice.

- Moj bivši muž je kupio tvojih sedam mašina, mašine su se pokvarile i on je morao odustati od proizvodnje meda.

- Sanjice, nisam znao ... Ozbiljno. Megi me je ostavila i bio sam zbog toga paralizovan, nisam više gledao tako mnogo šta se događa s firmom i s mašinama. I onda nisam imao više mušterija i...

Sanja je hladno rekla:

- Moj muž je izgubio sve mušterije koje su kupovale med na veliko.

- Baš mi je krivo. Stvarno. Da sam znao da je to bio tvoj muž, ja bih...

Sanja ga je prekinula:

- Šta bi ti?

- Ne znam, nešto bih napravio ... Nadam se da se niste razveli zbog meda i zbog glupih mašina.

Opet je nastala pauza. Nakon kratkog Sanja je rekla:

- Ne, med nije bio razlog.

- Onda mora da je bilo u pitanju mleko.

- Kakvo mleko?

- Znaš kako se kaže: u braku teče med i mleko. Pa ja razmišljam: ako nije zbog meda, onda mora da je zbog mleka.

- U braku teče med i mleko? Hm, neobično poređenje. Ali nije bilo ni zbog meda ni zbog mleka.

- To mi je drago. Mislim, nije mi drago da si se razvela, ali bar nisam ja bio razlog za vašu rastavu braka.

- Razlog je bila druga žena.

- Oh...

- Da. Ha! Žena koja se zove Jelena Tomašević – isto kao pevačica Jelena Tomašević. Zamisli! To je ironija sudbine – takmičiti se s takvom konkurencijom.

Branislav je gledao Sanju i progutao knedlu:

- Jelena Tomašević?

Da. I jeste lepa kao Jelena Tomašević.

- ... Jelena Tomašević?

- Da.

- Čime se ona bavi?

- Radi na Poljoprivrednom univerzitetu kao profesorka ... Zašto tako gledaš? Da li je poznaješ?

- Sanjice, znaš ... ovaj...

- Šta sad? Poznaješ je?

- Da ... Hoću reći, ona je ... moja rođakinja.

Sanja ga je gledala kratko. Nije znala kako da reaguje. Nakon nekog vremena počela je da se smeje:

- To je dobar vic! Hahahahahaha ... Tvoja familija je odlučila da uništi moju familiju i uspela je u tome, hahahahaha ... Imaš još nekoga u tvojoj familiji ko bi mogao da uništi još nekoga u mojoj familiji? Hahahahaha. Na primer, moja keva je udovica i mnogo je srećna pa ako imaš nekoga da je upropasti ... hahahahaha...

Branislav se nije smejao:

- Žao mi je, Sanjice, mnogo mi je žao. Stvarno...

Sanja je odjednom prestala da se smeje i rekla je hladno:

- Ne zovi me Sanjica.

- Izvini.

Opet je nastala pauza. Nakon kratkog Branislav je rekao:

- Mogu li to nekako da ispravim?

Sanja je cinično uzvratila:

- Da, da, poznato je kako prošlost može da se ispravi...

- Ako te teši, i ja imam propali brak iza sebe.

- To me ne teši.

- Ali možda će da te uteši ako ti ispričam kako je bilo.

Sanja je ćutala, a Branislav je nastavio:

- Znaš, kada je Megi rodila, ja sam bio najsrećniji tata na svetu. Dete nije bilo moje, ali to nije igralo nikakvu ulogu za mene. Dete je dete, ja sam odlučio da mu budem otac. Adoptirao sam našu malu Lelu i oficijelno. I sve je izgledalo lepo ... Sve dok se nije pojavio Dušan. Rođeni otac deteta.

Branislav je napravio kratku pauzu, a Sanja je rekla:

- To ne zvuči dobro.

- Ne, nije bilo dobro. Znaš kako neki ljudi nešto žele tek onda kada to drugi imaju. Tako je bilo i s Dušanom. Sad je zahtevao da viđa svoju ćerku iako je nije video tri godine. Megi je bila protiv, ali ja sam rekao da je to u redu. On jeste otac deteta i Lelica je imala pravo da to sazna. Bolje pre nego kasnije, tako sam razmišljao. I onda, godinu dana posle, jednog dana, Megi je jednostavno otišla s Lelicom Dušanu. Preselila se kod njega. Samo tako, bez najave. Kao u filmovima – došao sam kući i našao prazne ormane. Ni poruke, ni mrzim te, ni izvini, ni žao mi je, ništa. Danima nije htela ni da se javi na mobilni.

- To je stvarno užasno. – rekla je tiho Sanja.

- I znaš šta je bilo na kraju? Kao šećer? ... Megi i ja smo se razve-li, ali pošto je Megi ostala bez posla, a Dušan ionako nikad nije imao posao niti je tražio posao, ja sada moram da plaćam alimentaciju za Lelicu i za Megi.

- Ne.

- Da. – tiho je rekao Branislav.

- Imaš bar još uvek kontakt s detetom?

- Imam, vidimo se svaki vikend. Ona me zove «tata», a Dušan je «drugi tata». Ja sam za nju pravi tata. Znam da to nije lepo, ali to je ipak moja satisfakcija.

- Shvatam.

- Da, to je moja priča.

- Nisam znala. – rekla je Sanja.

Branislav je uzdahnuo:

- Tako da sada plaćam prilično visoke svote – i alimentaciju i dugove firme.

Sanja je pogledala u papire ispred sebe:

- A gde si do sada radio?

- Radio sam kod jednog poznanika u njegovom restoranu kao konobar i vodio sam mu knjige. Ali više ne, ni njemu više ne ide dobro posao. Tja ... I to se sve dogodilo samo zato jer mi nismo bili ljubavni par u školi.

Sanja se nasmešila:

- Misliš?

Branislav se isto nasmešio:

- Naravno. Mi smo trebali da se venčamo i da imamo decu. I to sada nikako ne smemo da propustimo.

- Kako to misliš?

- Moramo bar da pokušamo.

- Šta da pokušamo?

- Da vidimo šta smo propustili.

- I kako ćemo to da vidimo?

- Evo ovako: ja te pozivam na kafu – to će da bude naš propušteni sastanak.

Sanja se sada smejala:

- Brane, ti si u Somboru, ja sam u Beogradu.

- Ja dolazim u subotu ionako u Beograd kod brata u posetu.

- Hm. I šta ćemo da radimo na našem propuštenom sastanku?

- Popićemo kafu, to sigurno. – rekao je Branislav veselo.

- Ja ne pijem kafu.

- Onda možeš da gledaš kako ja pijem kafu.

Sanja se opet nasmejala:

- Ja sam mislila da ćeš da kažeš da ja mogu da pijem čaj dok ti piješ kafu.

Branislav je rekao:

- Ne, takav sastanak imaju drugovi ili poznanici. Naš sastanak će da bude drugačiji. Ja ću da pijem kafu, a ti ćeš da me gledaš.

- Zvuči tako glupo da moram da pristanem.

- Da, moraš da pristaneš. – rekao je Branislav.

- U redu. Onda pristajem.

- Hvala ti. Ipak možda možemo da promenimo našu istoriju.

- A što se tiče ovog razgovora za posao +...

- Da?

- Ja ću da kažem koleginici da se nisi javio.

Branislav je rekao naoko razočarano:

- Oh +...

Posle kratke pauze Sanja se nasmejala:

- Sad više ne želiš da piješ kafu sa mnom?

I Branislav se nasmejao:

- Ne. Sada želim da idem na ručak s tobom. Ali ti moraš da platiš ručak jer sam ja još uvek nezaposlen.

Čuo se Sanjin smeh. Branislav je rekao:

- Sada ti ne želiš da se nađeš sa mnom?

Sanja je rekla:

- To ne bi bilo fer.

- Znači – dogovoreno?

- Dogovoreno.

- U subotu u jedan, restoran «To je to». Moj brat me je tamo jednom odveo i bilo je mnogo zgodno i prilično jeftino.

- Ne. – odgovorila je Sanja.

- Ne?

- Ne. To je jeftin restoran. Idemo u «Gandolfini». To je dobar i skup restoran.

- Dobro, ali ja mnogo jedem.

- Ako neću imati da platim, ostaćeš da pereš tanjire.

Branislav se nasmejao:

- Važi.

- Važi.

- Onda do subote, Sanjice!

- Do subote!

- Baš mi je drago da smo se videli.

- I meni.

Pesma «U tom Somboru»

Originalni tekst pesme je sledeći:

U tom Somboru svega na volju,

svega ima to j´ istina,

pa i žene piju vina

u tom Somboru.

Od kako je ta naša varmeđa,*

*od ta doba naše snaše***

zavoleše tamburaše

u tom Somboru.

*Od kako je taj arteski bunar***,*

od to doba gra´ se kuva,

a šunka se bolje čuva

u tom Somboru.

Ženiću se ja, žena mi treba,

koja znade dobro radit´,

a ja ću se gospodarit´

po tom Somboru.

* varmeđa (*Hung. vármegye:* administrative area) – administrative district building; administrative area in the Austro-Hungarian Monarchy; small town

** snaša – daughter-in-law; young unmarried aunt; (*coll.*) young woman

*** arteski bunar – artesian well: the water in such a well lies in a depression in the ground and because it is under pressure, the water rises by itself.

Ovo je slobodni prevod pesme na engleski:

In this Sombor town

In this Sombor there is everything your heart desires,

there is truly everything,

even women drink wine

in this Sombor town.

Since our varmeđa has existed,

since that time, our young women

have been fond of tamburizza players,

in this Sombor town.

Since this artesian well has existed,

since that time beans have been cooked

and more ham has been saved,

in this Sombor town.

I'm getting married, I need a wife,

who can work hard,

and I'm gonna flaunt around,

in this Sombor town.

Pesma «U tom Somboru» je starogradska pesma koja se rado peva. Starogradske pesme su tradicionalne narodne pesme koje su nastale u urbanim sredinama. Nastale su u 19. i 20. veku, a u Srbiji je to bilo u gradovima kao što su Beograd, Novi Sad, Sombor, Šabac itd. Starogradske pesme su popularne na celom Balkanu i govore o gradskim temama, o životu u gradu, o ljubavima, o poznatim ljudima, o osećajima itd.

Instrumenti na kojima se svira starogradska muzika su tamburica, violina ili klarinet dok se tipične tradicionalne narodne pesme sviraju na fruli, gajdama i drugim narodnim instrumentima. Početkom 20. veka građansko stanovništvo u urbanim sredinama razvilo je svoju kulturu i tako je stvorilo i vlastitu muziku. Ta «moderna» muzika se nije bavila folklornim temama kao selo, seljaci, radovi u polju itd. nego je akcentuirala gradsku kulturu. Zato su i instrumenti bili drugačiji. Neki istoričari muzike kažu da je tamburica došla s istoka iz porodice istočnih žičanih instrumenata i raširila se preko Turske po celom Balkanu. Tamburica tako nije bila «domaći» instrument i postala je deo «moderne» gradske muzike. Ta «moderna» gradska muzika se danas naziva starogradska muzika.

Ovde je par interesantnih stvari u pesmi «U tom Somboru».

U pesmi postoji sledeći stih u prvoj strofi:

od ta doba naše snaše

zavoleše tamburaše

Starogradske pesme su bile simbol modernizma i kao svaka moda mladi su je brzo prihvatili. Tamburica i tamburaši su bili simboli grada i napretka i mladi (pogotovo mlade devojke) su našle u tamburašima svoje nove idole. Tradicionalne narodne pesme koje su svirali «paori» na frulama ili gajdama bile su simbol primitivne i jednostavne kulture kako se to tada tumačilo.

Takođe i sledeći stih je interesantan:

Od kako je taj arteski bunar,

*od to doba gra´ *se kuva,*

a šunka se bolje čuva

** gra´(coll.) = grah = pasulj – beans*

Voda u arteskom bunaru je mekana i svako jelo se brže i lakše skuva u vodi iz arteskog bunara. Osim toga takva jela prijaju mnogo bolje nego kad se kuvaju u vodi iz klasičnih bunara koji su plitki i čija voda je tvrda. Kad pasulj (grah) prija, onda se on i češće kuva, a kad je pasulj češće na stolu, onda domaćice mogu da štede na skupoj šunki.

O autoru pesme „U tom Somboru" Blašku Markoviću:

Blaško Marković je rođen 1876. god. u Somboru, a umro je u Przemislu/Poljska 1915. godine.

On je bio po zanimanju zidar i veoma je voleo muziku. Svirao je tamburicu u jednom tamburaškom orkestru – u to vreme su postojala u Somboru četiri mađarska orkestra i pet srpskih orkestara odnosno tamburaških «bandi». Blaško Marković je pisao i igrokaze i pesme. On je bio i socijalno angažovan. Borio se za radnička prava i bio je jedan od organizatora prvomajskih parada u Šikari kod Sombora. U prvom svetskom ratu je mobilizovan u austrougarsku vojsku i poslan u Galiciju. Tamo je poginuo u mestu Przemislu.

Pesma «U tom Somboru» je napisana verovatno krajem 19. ili početkom 20. veka i bila je samo lokalno popularna. Tek 60-tih godina 20. veka popularizovana je preko radija i gramofonskih ploča i postala je hit.

70-tih godina u tadašnjoj veoma popularnoj TV seriji «Obraz uz obraz» pesma je pevana na završetku emitovanja serije i umesto «U TOM Somboru» pevano je «U TEM Somboru». Razlog je bio što je autor Blaško Marković bio Bunjevac, pripadnik nacionalne manjine u Vojvodini, a u bunjevačkom dijalektu se umesto «tom» kaže «tem». Iako u originalnom tekstu stoji «tom», danas se često peva «U tem Somboru».

Pesmi «U tom Somboru» su posle dodavane takođe nove stro-
fe. No bez obzira na promene, pesma je i danas veoma omiljena i
rado se peva. Najpoznatiji izvođač te pesme bio je, i još uvek jeste,
Zvonko Bogdan koji je rođen u Somboru.

The Alphabet in Latin and Cyrillic Script

A, a	B, b	C, c	Č, č	Ć, ć	D, d
= А, а	= Б, б	= Ц, ц	= Ч, ч	= Ћ, ћ	= Д, д

Đ, đ	Dž, dž	E, e	F, f	G, g	H, h
= Ђ, ђ	= Џ, џ	= Е, е	= Ф, ф	= Г, г	= Х, х

I, i	J, j	K, k	L, l	Lj, lj	M, m
= И, и	= Ј, ј	= К, к	= Л, л	= Љ, љ	= М, м

N, n	Nj, nj	O, o	P, p	R, r	S, s
= Н, н	= Њ, њ	= О, о	= П, п	= Р, р	= С, с

Š, š	T, t	U, u	V, v	Z, z	Ž, ž
= Ш, ш	= Т, т	= У, у	= В, в	= З, з	= Ж, ж

Поновни сусрет

Бранислав је стајао пред огледалом у купатилу и везао је кравату. Везао је полако шарену, мало старомодну кравату и био је добро расположен. Није ни сам знао зашто. Имао је разговор за посао. Он се никад није бојао разговора за посао. Био је елоквентан, увек опуштен и волео је да прича с људима. Осим тога чекао га је разговор за посао преко скајпа.

То је био плус – скајп. Он је волео камеру. Волео је да буде у центру пажње и да га људи слушају. Можда зато што је некад давно хтео да буде глумац. У гимназији је био у глумачкој секцији, био је главна звезда у свакој представи и волео је да стоји на позорници. "Требао сам бити глумац." – помислио је сада Бранислав. "Зашто сам отишао у привреду? Шта ми је то требало?"

Бранислав је завезао кравату. Насмешио се својој слици у огледалу и погледао своје голе ноге. Носио је само кошуљу, одело га је чекало у спаваћој соби.

На путу у спаваћу собу он је запевао своју омиљену староградску песму.

„У том Сомбору свега на вољу,

свега има то ј´ истина,

па и жене пију вина

у том Сомбору.“

У спаваћој соби је на кревету лежало његово тамно одело: панталоне и сако. Бранислав је размишљао кратко, а онда је наставио да пева песму, али не следећу строфу него задњу строфу коју је највише волео:

„Женићу се ја, жена ми треба,

која знаде добро радит´,

а ја ћу се господарит´

по том Сомбору.“

Док је певао, проверио је јесу ли панталоне чисте. Видео је мрљу и покушао је да је истрља, али мрља није нестала. Онда је погледао сако. Он је био у реду, изгледао је као нов. Обукао га је и онда отишао до ормана. Отворио је орман и размишљао које панталоне да обуче. У орману су висила још два одела: једно венчано одело које му је сада сигурно било премало и још једно одело које је купио пре пар година. И то друго одело није било боље од одела на кревету. Било је изношено и згужвано јер га је носио често и радо.

”Да ли ми уопште треба одело?” – помислио је Бранислав.

Онда је погледао панталоне на кревету и обукао их је.

”Ах, на скајпу се не види да ли панталоне имају мрљу или не.”

Погледао је на часовник. Било је пет минута до пет.

Отишао је у дневну собу, сео за писаћи стол и укључио скајп на компјутеру.

Чекао је кратко, и убрзо је чуо позив. Појавила се слика са женском главом. Бранислав је припремио позу и накашљао се.

Млада жена се насмешила:

- Добар дан!

- Добар дан! – рекао је Бранислав весело.

- Ја сам Сања Добовац, Ваша саговорница за разговор за посао.

- Драго ми је. Ја сам Бранислав Зорић.

Млада жена се опет насмешила и рекла:

- Морам да Вам одмах кажем да сам добила Ваше папире

пре минут јер је моја колегиница болесна и...

Бранислав ју је прекинуо:

- Сања Добовац?

- Да.

- ... Сањица? ... Јеси то ти?

- Молим?

- Сањица из друге клупе лево?

Девојка је била несигурна:

- Да...

- Школа на Вождовцу?

- Да?

- Основна школа Ђура Даничић на Вождовцу?

- Да.

- Зар ме не познајеш? То сам ја. Бранислав. Бране.

Сада је девојка развукла уста у осмех:

- Брзи Бране?

- Да, да, брзи Бране.

- Немој да се шалиш! То си ти?

- Да, то сам ја. – потврдио је Бранислав.

- Па како то изгледаш? Где ти је коса? И како сада имаш

округлу главу!

- Хахахахахаха, округлу главу! – смејао се Бранислав. – А како ти имаш велику главу! Ваљда због лоше фризуре! Хахахахахаха...

Сања се и даље смејала:

- И вицеви су ти остали лоши! Хахахахаха ... Био си брз у баскету, али спор у глави.

Бранислав се исто даље смејао:

- Ах, Сањице, моји вицеви нису лоши – ти их и даље не разумеш! Хахахахаха. Била си много паметна, али никад ниси капирала добре фазоне. Хахахахаха ... Знаш шта сам певао пре овог разговора? ... Не би веровала! ”У том Сомбору”. Твоју омиљену песму.

- Стварно?

- Да. Певао сам ту песму и ти као да си је чула, хахахахаха...

Бранислав је поново запевао:

- ”У том Сомбору свега на вољу...”

Сања га је прекинула:

- Дај, Бране, немој да ми сад певаш, имаш лош глас.

Бранислав је одговорио:

- Имам супер глас. Сви су говорили како супер певам.

- Знам, знам, био си главни тип у нашем одељењу.

- А ти си била најпаметнија девојка коју сам упознао у целом мом животу.

Сања се одједном збунила:

- Је ли?

- Да ... Па шта радиш?

- Где – овде?

- Да, ту на екрану, хахахахаха...

- Чекам твој позив, хахахахаха. Мало је потрајало. Има већ 15 година. Већ имамо 30 година, Бране. Знаш то?

Бране се насмејао:

- Ја не знам како је код тебе, али ја се осећам као да имам 20. А како се осећаш, толико си и стар.

- Да, вечно дете, хахахахаха...

- Код тебе се не виде године. Ти изгледаш једнако лепо као пре 15 година.

Сања је застала:

- ... Да?

- Да, да. Изгледаш сјајно. Знаш да сам био заљубљен у тебе?

- ... Ти у мене? ... Ма дај!

- Да, стварно. Био сам заљубљен у тебе преко ушију.

- Није истина. Ниси био заљубљен у мене, био си заљубљен

у Меги. У нашу лепу Меги.

- Нисам.

- Ниси? Хахахахаха. А зашто си онда оженио Меги? И то одмах после матуре. Наша лепа Меги и наш лепи Бране нису дошли до универзитета јер љубав је била прејака. Зар не?

- Није било тако. – рекао је Бранислав.

- Не? Је ли те можда она молила да је оженииш?

Бранислав је сада постао озбиљан:

- Да, она ме је молила.

Сања је сада застала. Онда је након паузе рекла:

- Ах, пустимо то.

- Меги ме је молила да је оженим јер је имала проблема.

- Каквих проблема?

- Проблема са стомаком.

- ... Са стомаком?

- Да. Имала је дете у стомаку.

- Хоћеш да кажеш да је била трудна?

- Да.

Сања је кратко размишљала:

- Твоје дете?

Након кратке паузе Бранислав је рекао:

- Не, то није било моје дете.

Сања је кратко гледала Бранислава:

- И ти си био џентлмен?

- Да.

- Зашто, ако смем да питам?

- Кад ме ти ниси хтела.

- Ма дај!

- Ма озбиљно!

- Немој да причаш глупости!

- Зашто си стално гледала оног штребера Синишу? Он је био старији и ја нисам имао никакве шансе.

- Бре Бране, Синиша је мој рођак.

- ... Рођак?

- Ма да, рођак. Зар ниси то знао?

- Твој рођак?

- Да, фамилија Павловић је у роду с нама.

- Да?

- Да.

- Ах, тако ... Е, то нисам знао ... Ах, да сам знао!

Сања се насмејала:

- Да си знао, ти би ме оженио и ми бисмо били вечно заједно. Док нас смрт не растави, зар не? Хахахахахаха...

- Хахахахахаха, тако је. И сада те не бих молио за посао.

Они су се смејали још кратко, а онда је Сања рекла:

- Бране, зашто тражиш посао? И зашто си у Сомбору?

- Преселио сам се с Меги две године после венчања. Меги је из Сомбора.

- Ах, да, она је из Сомбора. А зашто тражиш посао? Пре пет-шест година неко ми је рекао да имаш супер фирму.

- Имао сам супер фирму, то је истина. Али сада више немам фирму.

- Продавао си машине за паковање меда, зар не?

- Да. Откуд знаш?

- Чула сам.

Бранислав је уздахнуо:

- Да, све је било супер, али онда ме је мој колега механичар напустио и зато више нико није могао да одржава наше машине.

- И зато је твоја фирма отишла у конкурс?

- Хахахахаха. Да. Како знаш? ... Имао сам једну муштерију која је купила седам машина и све машине су се покварile. Прави баксуз. Мој колега ме је оставио и ја нисам могао да одржавам машине. Муштерија ме је тужила и добила је процес. Само ја му нисам могао ништа да платим јер у међувремену нико није хтео да купи машине које немају сервис за оправке.

Сања је кратко гледала Бранислава:

- Знаш, Бране, та муштерија – то је био мој муж.

Настала је пауза. Онда је Бранислав рекао:

- ... Јован Илић?

- Да.

- Али ти си рекла да се презиваш Добовац.

- Развели смо се и ја сам узела моје девојачко презиме.

- Ох ... Озбиљно? ... Жао ми је. Баш ми је жао, Сањице.

- Мој бивши муж је купио твојих седам машина, машине су се покварила и он је морао одустати од производње меда.

- Сањице, нисам знао ... Озбиљно. Меги ме је оставила и био сам због тога парализован, нисам више гледао тако много шта се догађа с фирмом и с машинама. И онда нисам имао више муштерија и...

Сања је хладно рекла:

- Мој муж је изгубио све муштерије које су куповале мед на велико.

- Баш ми је криво. Стварно. Да сам знао да је то био твој муж, ја бих...

Сања га је прекинула:

- Шта би ти?

- Не знам, нешто бих направио ... Надам се да се нисте развели због меда и због глупих машина.

Опет је настала пауза. Након кратког Сања је рекла:

- Не, мед није био разлог.

- Онда мора да је било у питању млеко.

- ... Какво млеко?

- Знаш како се каже: у браку тече мед и млеко. Па ја размишљам: ако није због меда, онда мора да је због млека.

- У браку тече мед и млеко? Хм, необична поређење. Али није било ни због меда ни због млека.

- То ми је драго ... Мислим, није ми драго да си се развела, али бар нисам ја био разлог за вашу раставу брака.

- Разлог је била друга жена.

- Ох...

- Да. Ха! Жена која се зове Јелена Томашевић – исто као певачица Јелена Томашевић. Замисли! То је иронија судбине – такмичити се с таквом конкуренцијом.

Бранислав је гледао Сању и прогутао кнедлу:

- ... Јелена Томашевић?

- Да. И јесте лепа као Јелена Томашевић.

- Јелена Томашевић?

- Да.

- Чиме се она бави?

- Ради на Пољопривредном универзитету као професорка ... Зашто тако гледаш? Да ли је познајеш?

- Сањице, знаш ... овај...

- Шта сад? Познајеш је?

- Да ... Хоћу рећи, она је ... моја рођакиња.

Сања га је гледала кратко. Није знала како да реагује. Након неког времена почела је да се смеје:

- То је добар виц! Хахахахаха ... Твоја фамилија је одлучила да уништи моју фамилију и успела је у томе, хахаахаха ... Имаш још некога у твојој фамилији ко би могао да уништи још некога у мојој фамилији? Хахахахаха. На пример, моја кева је удовица и много је срећна, па ако имаш некога да је упропасти ... хахаахаха...

Бранислав се није смејао:

- Жао ми је, Сањице, много ми је жао. Стварно...

Сања је одједном престала да се смеје и рекла је хладно:

- Не зови ме Сањица.

- Извини.

Опет је настала пауза. Након кратког Бранислав је рекао:

- Могу ли то некако да исправим?

Сања је цинично узвратила:

- Да, да, познато је како прошлост може да се исправи.

- Ако те теши, и ја имам пропали брак иза себе.

- То ме не теши.

- Али можда ће да те утеши ако ти испричам како је било.

Сања је ћутала, а Бранислав је наставио:

- Знаш, када је Меги родила, ја сам био најсрећнији тата на свету. Дете није било моје, али то није играло никакву улогу за мене. Дете је дете, ја сам одлучио да му будем отац. Адоптирао сам нашу малу Лелу и официјелно. И све је изгледало лепо ... Све док се није појавио Душан. Рођени отац детета.

Бранислав је направио кратку паузу, а Сања је рекла:

- То не звучи добро.

- Не, није било добро. Знаш како неки људи нешто желе тек онда када то други имају. Тако је било и с Душаном. Сад је захтевао да виђа своју ћерку иако је није видео три године. Меги је била против, али ја сам рекао да је то у реду. Он јесте отац детета и Лилица је имала право да то сазна. Боље пре него касније, тако сам размишљао. И онда, годину дана после, једног дана, Меги је једноставно отишла с Лелицом Душану. Преселила се код њега. Само тако, без најаве, као у филмовима – дошао сам кући и нашао празне ормане. Ни поруке, ни мрзим те, ни извини, ни жао ми је, ништа. Данима није хтела ни да се јави на мобилни.

- То је стварно ужасно. – рекла је тихо Сања.

- И знаш шта је било на крају? Као шећер? ... Меги и ја смо се развели, али пошто је Меги остала без посла, а Душан ионако никад није имао посао нити је тражио посао, ја сада морам да плаћам алиментацију за Лелицу и за Меги.

- Ох.

- Да. – тихо је рекао Бранислав.

- Имаш бар још увек контакт с дететом?

- Имам, видимо се сваки викенд. Она ме зове ”тата”, а Душан је ”други тата”. Ја сам за њу прави тата. Знам да то није лепо, али то је ипак моја сатисфакција.

- Схватам.

- Да, то је моја прича.

- Нисам знала. – рекла је Сања.

Бранислав је уздахнуо:

- Тако да сада плаћам прилично високе своте – и алиментацију и дугове фирме.

Сања је погледала у папире испред себе:

- А где си до сада радио?

- Радио сам код једног познаника у његовом ресторану као конобар и водио сам му књиге. Али више не, ни њему више не иде добро посао. Тја ... И то се све догодило само зато јер ми нисмо били љубавни пар у школи.

Сања се насмешила:

- Мислиш?

Бранислав се исто насмешио:

- Наравно. Ми смо требали да се венчамо и да имамо децу. И то сада никако не смемо да пропустимо.

- Како то мислиш?

- Морамо бар да покушамо.

- Шта да покушамо?

- Да видимо шта смо пропустили.

- И како ћемо то да видимо?

- Ево овако: ја те позивам на кафу – то ће да буде наш пропуштени састанак.

Сања се сада смејала:

- Бране, ти си у Сомбору, ја сам у Београду.

- Ја долазим у суботу ионако у Београд код брата у посету.

- Хм. И шта ћемо да радимо на нашем пропуштеном састанку?

- Попићемо кафу, то сигурно. – рекао је Бранислав весело.

- Ја не пијем кафу.

- Онда можеш да гледаш како ја пијем кафу.

Сања се опет насмејала:

- Ја сам мислила да ћеш да кажеш да ја могу да пијем чај док ти пијеш кафу.

Бранислав је рекао:

- Не, такав састанак имају другови или познаници. Наш састанак ће да буде другачији. Ја ћу да пијем кафу, а ти ћеш да ме гледаш.

- Звучи тако глупо да морам да пристанем.

- Да, мораш да пристанеш. – рекао је Бранислав.

- У реду. Онда пристајем.

- Хвала ти. Ипак можда можемо да променимо нашу историју.

- А што се тиче овог разговора за посао...

- Да?

- Ја ћу да кажем колегиници да се ниси јавио.

Бранислав је рекао наоко разочарано:

- Ох...

Након кратке паузе Сања се насмејала:

- Сад више не желиш да пијеш кафу са мном?

И Бранислав се насмејао:

- Не. Сада желим да идем на ручак с тобом. Али ти мораш да платиш ручак јер сам ја још увек незапослен.

Чуо се Сањин смех. Бранислав је рекао:

- Сада ти не желиш да се нађеш са мном?

Сања је рекла:

- То не би било фер.

- Значи – договорено?

- Договорено.

- У суботу у један, ресторан "То је то". Мој брат ме је тамо једном одвео и било је много згодно и прилично јефтино.

- Не. – одговорила је Сања.

- Не?

- Не. То је јефтин ресторан. Идемо у "Гандолфини". То је добар и скуп ресторан.

- Добро, али ја много једем.

- Ако нећу имати да платим, остаћеш да переш тањире.

Бранислав се насмејао:

- Важи.

- Важи.

- Онда до суботе, Сањице!

- До суботе!

- Баш ми је драго да смо се видели.

- И мени.

52

Песма "У том Сомбору"

Оригинални текст песме је следећи:

„У том Сомбору свега на вољу,

свега има то ј́ истина,

па и жене пију вина

у том Сомбору.

Од како је та наша вармеђа*,

од та доба наше снаше**

заволеше тамбураше

у том Сомбору.

Од како је тај артески бунар***,

од то доба гра́ се кува,

а шунка се боље чува

у том Сомбору.

Женићу се ја, жена ми треба,

која знаде добро радит́

а ја ћу се господарит́

по том Сомбору.“

*вармеђа = varmeđa (*Hung. vármegye:* administrative area) – administrative district building; administrative area in the Austro-Hungarian Monarchy; small town

** снаша – daughter-in-law; young unmarried aunt; (*coll.*) young woman

*** артески бунар – artesian well: the water in such a well lies in a depression in the ground and because it is under pressure, the water rises by itself.

Ово је слободни превод песме на енглески:

In this Sombor town

In this Somobor there is everything your heart desires,
there is truly everything,
even women drink wine
in this Sombor town.

Since our varmeđa has existed,
since that time, our young women
have been fond of tamburizza players,
in this Sombor town.

Since this artesian well has existed,
since that time beans have been cooked
and more ham has been saved,
in this Sombor town.

I'm getting married, I need a wife,
who can work hard,
and I'm gonna flaunt around,

in this Sombor town.

Песма ”У том Сомбору” је староградска песма која се радо пева. Староградске песме су традиционалне народне песме које су настале у урбаним срединама. Настале су у 19. и 20. веку, а у Србији је то било у градовима као што су Београд, Нови Сад, Сомбор, Шабац итд. Староградске песме су популарне на целом Балкану и говоре о градским темама, о животу у граду, о љубавима, о познатим људима, о осећајима итд.

Инструменти на којима се свира староградска музика су тамбурица, виолина или кларинет док се типичне традиционалне народне песме свирају на фрули, гајдама и другим народним инструментима. Почетком 20. века грађанско становништво у урбаним срединама развило је своју културу и тако је створило и властиту музику. Та ”модерна” музика се није бавила фолклорним темама као село, сељаци, радови у пољу итд. него је акцентуирала градску културу. Зато су и инструменти били другачији. Неки историчари музике кажу да је тамбурица дошла с истока из породице источних жичаних инструмената и раширила се преко Турске по целом Балкану. Тамбурица тако није била ”домаћи” инструмент и постала је део ”модерне” градске музике. Та ”модерна” градска музика се данас назива староградска музика.

Овде је пар интересантних ствари у песми ”У том Сомбору”.

У песми постоји следећи стих у првој строфи:

„од та доба наше снаше

заволеше тамбураше“

Староградске песме су биле симбол модернизма и као свака мода млади су је брзо прихватили. Тамбурица и тамбураши су били симболи града и напретка и млади (поготово младе девојке) су нашле у тамбурашима своје нове идоле. Традиционалне народне песме које су свирали ”паори” на фрулама или гајдама биле су симбол примитивне и једноставне културе како се то тада тумачило.

Такође и следећи стих је интересантан:

„Од како је тај артески бунар,

од то доба гра́ *се кува,

а шунка се боље чува“

* gra´ (coll.) = grah = pasulj – beans

Вода у артеском бунару је мекана и свако јело се брже и

лакше скува у води из артеског бунара. Осим тога таква јела пријају много боље него кад се кувају у води из класичних бунара који су плитки и чија вода је тврда. Кад пасуљ (грах) прија, онда се он и чешће кува, а кад је пасуљ чешће на столу, онда домаћице могу да штеде на скупој шунки.

О аутору песме ”У том Сомбору” Блашку Марковићу:

Блашко Марковић је рођен 1876. год. у Сомбору, а умро је у Прземислу/Пољска 1915. године.

Он је био по занимању зидар и веома је волео музику. Свирао је тамбурицу у једном тамбурашком оркестру – у то време су постојала у Сомбору четири мађарска оркестра и пет српских оркестара односно тамбурашких ”банди”. Блашко Марковић је писао и игроказе и песме. Он је био и социјално ангажован. Борио се за радничка права и био је један од организатора првомајских парада у Шикари код Сомбора. У првом светском рату је мобилизован у аустроугарску војску и послан у Галицију. Тамо је погинуо у месту Прземислу.

Песма ”У том Сомбору” је написана вероватно крајем 19. или почетком 20. века и била је само локално популарна. Тек 60-тих година 20. века популаризована је преко радија и грамофонских плоча и постала је хит.

70-их година у тадашњој веома популарној ТВ серији ”Образ уз образ” песма је певана на завршетку емитовања серије и уместо ”У ТОМ Сомбору” певано је ”У ТЕМ Сомбору”. Разлог је био што је аутор Блашко Марковић био Буњевац, припадник националне мањине у Војводини, а у буњевачком дијалекту се уместо ”том” каже ”тем”. Иако у оригиналном тексту стоји ”том”, данас се често пева ”У тем Сомбору”.

Песми ”У том Сомбору” су после додаване такође нове строфе. Но без обзира на промене, песма је и данас веома омиљена и радо се пева. Најпознатији извођач те песме био је, и још увек јесте, Звонко Богдан који је рођен у Сомбору.

Vocabulary

Abbreviations:
acc. – accusative
coll. – colloquial language
dat. – dative
f – female
gen. – genitive
hist. – historical
inf. – infinitive
loc. – locative
m – male
n – neuter
N – nominative
pej. – pejorative
pfv. a. – perfective aspect
pl. – plural
PPA – past participle active
sg. – singular
voc. – vocative

A

adoptirati, ja adoptiram – to adopt

Ah, da sam znao! – Oh, if I had known!

akcentuirati, ja akcentuiram – to accentuate

ako – when, if

ali – but

alimentacija – alimony

angažovan, angažovana (m/f) – involved, dedicated

arteski bunar – artesian well

austrougarska vojska – Austria-Hungary´s army, Land Forces of Austria-Hungary

autor – author

B

bar – at least

baksuz (*coll.*) – unlucky person

baš – (*used as emphasis of statement*) just, but

basket (*coll.*) = košarka – basketball

baviti se, ja se bavim – to occupy oneself; čime se bavi? – what´s his occupation?

bez – without

bez obzira na – apart of

bivši, bivša, bivše (m/f/n) – former, ex

bojati se, ja se bojim – to fear, to be afraid

bolestan, bolesna, bolesno (m/f/n) – ill

bolje – better; bolje pre nego kasnije – better now than later

boriti se, ja se borim – to fight

Bre Brane! (*coll.*) – Hey Brane!

brže – faster

brzi, brza, brzo (m/f/n) – fast, quickly

brzo – fast

bunar – well

C

celi, cela, celo (m/f/n) – whole

cinično – cynical

Č

časovnik – clock

čekati, ja čekam – to wait

češće – more often

često – often

čisti, čista, čisto (m/f/n) – clean

čuti, ja čujem – to hear

čuvati, ja čuvam – to watch out; to keep, to store, to keep safe; to look out; to pay attention

Ć

ćerka – daughter

ćutati, ja ćutim – to keep silent

D

da – yes; that

da si znao – if you had known

Daj, Brane! (*coll.*) – Come on, Brane!

dalje – farther, forward

dan – day; danima – for days

davno = nekad davno – once, a long time ago

deo – part

dete (pl. deca) – child; bez deteta – without a child; s detetom – with a child

devojačko prezime – maiden name

devojka – young woman

dnevna soba – living room

do sada – till now

doba – time; od tog doba – since then

dobiti, ja dobijem (*pfv.a.*) – to get

dodavan (m) – added

događati se, ja se događam – to happen; šta se događa s firmom – what´s going on with the company

dogoditi se, ja se dogodim (*pfv.a.*) – to happen

dogovoreno! – deal!

dok – during, while; (sve) dok – till, until

dolaziti, ja dolazim – to come

domaći – local

domaćica – housewife

došli – they have come; inf: doći, ja dođem (*pfv.a.*) – to come; PPA: došao, došla, došlo

drago → nije mi drago – I am not glad

drago mi je – I am glad

drug (pl. drugovi) – friend

druga (f) – the another; another one

drugačiji – different

drugi – the another; the second one

drugi (pl.) – the others

drugo odelo – another suit, a second suit

dug (pl. dugovi) – debt

džentlmen – gentleman

E

E, to nisam znao. – Oh, I didn´t know that.

ekran – monitor, screen

elokventan, elokventna, elokventno (m/f/n) – eloquent, communicative

emitovanje – broadcast

Evo ovako. – Look. Let´s do it this way.

F

fazon (*coll.*) – joke, trick, gimmick

fer – fair

film (pl. filmovi) – film

folklorna tema – a folklore theme

frizura – haircut

frula – flute

G

ga (*acc.*) – him

gajde – bagpipe

Galicija – Galicia

gde – where

glas – voice

glava – head

glavna zvezda – star turn

gledati, ja gledam – to see; to watch

glumac – actor

glumačka sekcija – theatre group (at school)

glup, glupa, glupo (m/f/n) – stupid, silly

glupost – nonsense

godina – year; godinu dana – a year

goli, gola, golo (m/f/n) – nude

gospodariti se, ja se gospodarim – (from *gospodarstvo* court lord, *gospodar* landlord) – to behave like a wealthy and influential land-lord or court lord, as a rich man flaunting his presence

govoriti, ja govorim – to talk, to say

gra´ = grah = pasulj – bean soup

grad (pl. gradovi) – town

građansko stanovništvo – city dweller, townspeople

gradska kultura – urban culture

gradska tema – urban theme

gramofonska ploča – gramophone record

H

hit (pl. hitovi) – hit

hladno – cold

htela – she wanted; Inf: hteti, ja hoću – to want; PPA: hteo, htela, htelo

I

i – and; too

iako – although

idol – idol

igrati, ja igram – to play; nije igralo nikakvu ulogu – it didn´t matter at all

ih – (*acc. pl.*) they

ili – or

ima – there is

imati, ja imam – to have; ima – there is

ionako – somehow or other

ipak – though

ironija sudbine – irony of fate, irony of destiny

ispraviti, ja ispravim (*pfv. a.*) – to correct, to turn right

ispred – in front of; before

ispričati, ja ispričam (*pfv. a.*) – to tell

istina – truth; to nije istina – that´s not true

isto – also, as well, too

istočni (m) – easterly

istok – east

istoričar – historian

istorija – history; past

istrljati, ja istrljam (*pfv. a.*) – to rub off, to rub down

itd. = i tako dalje – and so on

iz – from

iza – behind; iza mene – after me, behind me

izgledati, ja izgledam – to look out

izgubiti, ja izgubim (*pfv. a.*) – to lose

iznošen, iznošena, iznošeno (m/f/n) – worn

Izvini. – Forgive me.

izvođač – performer

J

j′ = je – is

jak, jaka, jako (m/f/n) – strong

javiti se, ja se javim (*pfv. a.*) – to answer; to get in touch

je – is; (*acc. sg.*) she

Je li? – Is it?

jedan, jedna, jedno (m/f/n) – one, a

jednako – same; izgledaš jednako – you look the same

jednog dana – one day

jednom – once

jednostavno – simple

jeftin, jeftina, jeftino (m/f/n) – cheap

jeftino – cheap

jelo – meal

jer – because

još – still

K

kakav, kakva, kakvo (m/f/n) – what kind

kako – how

kao – as (*comparing*); as if

kapirati, ja kapiram (*coll.*) – to understand, to get, to catch

kažem – I say; inf: kazati, ja kažem – to say

keva (*coll.*) – mother

klarinet – clarinet

klasičan, klasična, klasično (m/f/n) – classic

klupa – form, bench

knedla – dumpling; progutati knedlu (*phrase*) – to have a lump in one´s throat

kod – by, at

kolega – colleague (*male*)

koleginica – colleague (*female*)

konkurs – bankrupt, insolvency; otići u konkurs, ja odem u konkurs (*pfv. a.*) – to go bankrupt

kosa – hair

košulja – shirt

kraj – end; na kraju – at the end, in the end

krajem – at the end; krajem 19. veka – end of the 19th century

kratko – short

kravata – tie

krivo – uneven; wrong, false, incorrect; baš mi je krivo (*coll.*) – I´m really sorry

kuća – house; home; kući – (to go) home

kultura – culture

kupatilo – bathroom

kupiti, ja kupim (*pfv. a.*) – to buy

kupovati, ja kupujem – to buy; kupovati na veliko – to buy wholesale

kuvati, ja kuvam – to cook

L

Lelica (*pet name*) = mala Lela – little Lela; Lelice! (*vokativ*)

lep, lepa, lepo (m/f/n) – nice

ležati, ja ležim – to lie

loš, loša, loše (m/f/n) – bad

Lj

ljubav – love

ljubavni par – two people in love

ljudi – people

M

Ma da. (*coll.*) – Of course.

Ma daj! (*coll.*) – Come on!

Ma ozbiljno! (*coll.*) – Really!

mađarski – Hungarian

manjina – minority

mašina – machine

me – (*acc.*) me

med – honey

med i mleko – honey and milk

međuvremenu → u međuvremenu – meanwhile

mekan, mekana, mekano (m/f/n) – soft

mene – (*acc.*) me

mesto – place; town

mi – we; (*dat.*) me

misliti, ja mislim – to think

mlad, mlada, mlado (m/f/n) – young

mladi (pl.) – adolescents, teenagers

mleko – milk

mobilizovan (m) – mobilized

mobilni (telefon) – mobile phone, cell phone

moda – fashion

modernizam – modernism

moliti, ja molim – to ask, to beg

morati, ja moram – must, to have to

možda – perhaps

mrlja – spot

mrziti, ja mrzim – to hate

mu – (*dat.*) him

mušterija – customer

muž (pl. muževi) – husband

N

nacionalna manjina – national minority

nadati se, ja se nadam – to hope

nađeš se – you meet with; inf: naći se, ja se nađem (*pfv. a.*) – to meet so. (*intended*)

najava – announcement, notice

najpametniji, najpametnija, najpametnije (m/f/n) – most clever

najpoznatiji, najpoznatija, najpoznatije (m/f/n) – most famous najsrećniji, najsrećnija, najsrećnije (m/f/n) – happiest

najviše – most

nakašljati se, ja se nakašljem (*pfv. a.*) – to clear one´s throat

nakon – after; nakon kratkog – in a little while, shortly

naoko – apparently

napisan, napisana, napisano (m/f/n) – written

napraviti, ja napravim (*pfv. a.*) – to do; to make; to produce

napretka (G) →N: napredak – progress

napustiti, ja napustim (*pfv. a.*) – to leave

narodna pesma – folk song

narodni instrument – folk instrument

našle – (they) found; inf: naći, ja nađem (*pfv. a.*) – to find

nasmešiti se, ja se nasmešim (*pfv. a.*) – to smile

nasmejati se, ja se nasmejem (*pfv. a.*) – to laugh

nastati, ja nastanem (*pfv. a.*) – to orginate, to arise; pesma je nastala – the song orginated; nastala je pauza – a pause arose, there was a pause

nastaviti, ja nastavim – to continue

nazivati se, ja se nazivam – to call by name

nego – but

nekad davno – once, a long time ago

nekako – somehow

neki (pl.) – some

neki, neka, neko (m/f/n) – one; any

neko – somebody

nekoga – (*acc.*) somebody

neobičan, neobična, neobično (m/f/n) – unusual, funny

nesiguran, nesigurna, nesigurno (m/f/n) – insecure

nestati, ja nestanem (*pfv. a.*) – to disappear

nešto – something

nezaposlen, nezaposlena (m/f) – unemployed, jobless

ni – also not; not even

ni – ni = neither – nor

nikad – never

ništa – nothing

niti – also not

no – but

noga – foot; leg

nositi, ja nosim – to carry

nov, nova, novo (m/f/n) – new

O

o – about, of

obraz – cheek

obukao – dressed; Inf. obući, ja obučem – to dress; PPA: obukao, obukla, obuklo

obzir → bez obzira na – despite this

od kako – since

odeljenje – class

odelo – suit

odjednom – suddenly

odlučiti, ja odlučim (*pfv. a.*) – to decide

odmah – immediately; odmah nakon mature – just after graduating from high school; dolazim odmah – I´ll be right here

odnosno – respectively, accordingly

održavati, ja održavam – to service, to maintain

odustati, ja odustanem (*pfv. a.*) – to give up

odvesti, ja odvedem (*pfv. a.*) – to bring

oficijelno – official

ogledalo – mirror

okrugao, okrugla, okruglo (m/f/n) – round

omiljen, omiljena, omiljeno (m/f/n) – popular

omiljena pesma – favourite song

onda – then

opet – again

opušten, opuštena, opušteno (m/f/n) – relaxed

orman – wardorbe, closet

osećaj – feeling

osećati se, ja se osećam – to feel

osim toga – besides, aside from

osnovna škola – primary school, elementary school

ostati, ja ostanem (*pfv. a.*) – to stay

ostaviti, ja ostavim (*pfv. a.*) – to leave

otac – father

otišao – gone; inf. otići, ja odem (*pfv. a.*) – to go, to go away

otkud – from where

otvoriti, ja otvorim (*pfv. a.*) – to open

ovaj ... (*coll.*) – huh ..., ah ...

ovaj, ova, ovo (m/f/n) – this one

ovde – here

ozbiljan, ozbiljna, ozbiljno (m/f/n) – serious

oženiti, ja oženim (*pfv. a.*) – to marry (*man*)

P

pa – (*used as emphasis of statement*) well, then, but

pakovanje → mašina zu pakovanje meda – machine for packaging honey

pametan, pametna, pametno (m/f/n) – clever, smart

panatalone – trousers, pants

paor (*local*) – peasant, farmer; *colloquially derogatory for a peasant*

par – pair; couple

paralizovan, paralizovana (m/f) – paralyzed

pauza – break

pažnja – attention; biti u centru pažnje – to attract attention

pereš – you wash; inf: prati, ja perem – to wash

pesma – poem; song

pevačica – female singer

pevan, pevana, pevano (m/f/n) – sung

pevati, ja pevam – to sing

pisaći stol – desk, writing desk

pisati, ja pišem – to write

pitanje – question; biti nešto u pitanju – it is about (something)

pitati, ja pitam – to ask

piti, ja pijem – to drink

plaćati, ja plaćam – to pay

platiti, ja platim (*pfv. a.*) – to pay

plitak, plitka, plitko (m/f/n) – shallow

početi, ja počnem (*pfv. a.*) – to begin

početkom – at the beginning

poginuti, ja poginem (*pfv. a.*) – to lose one´s life, to be killed

pogledati, ja pogledam (*pfv. a.*) – to take a look, to see

pogotovo – especially

pojaviti se, ja se pojavim – to appear

pokušati, ja pokušam (*pfv. a.*) – to try

pokvariti se, ja se pokvarim (*pfv. a.*) – to be broken

polako – slowly

poljoprivredni univerzitet – agricultural university

Poljska – Poland

pomisliti, ja pomislim (*pfv. a.*) – to think about, to leap into so.´s mind

ponovo – again, once again

popićemo = mi ćemo popiti (*pfv. a.*) – we will drink

popularan, popularna, popularno (m/f/n) – popular

poređenje – comparison

porodica – family

poruka – message

posao – work; job

poseta – visit

poslan (m) – sent

posle – after

postati, ja postanem (*pfv. a.*) – to become, to get

pošto – (*conjunction*) because, as

postojati, ja postojim – to exist, there is

potrajati, ja potrajem (*pfv. a.*) – to last; Malo je potrajalo. – It took a little while.

potvrditi, ja potvrdim (*pfv. a.*) – to confirm, to approve

poza – pose

poziv – call

pozivati, ja pozivam – to invite

poznanici (pl.) – acquaintances

poznanik – acquaintance (*male*)

poznat, poznata, poznato (m/f/n) – famous; familiar

poznavati, ja poznajem – to know so.

pozornica – stage

pravi, prava, pravo (m/f/n) – right, correct, exact, proper, true

pravo – law; right

prazan, prazna, prazno (m/f/n) – empty

pre – before

predstava – performance, show

prejak, prejaka (m/f) – to strong, to big

prekinuti, ja prekinem (*pfv. a.*) – to interrupt, to break

preko – over

premali, premala, premalo (m/f/n) – too little, too tight

preseliti se, ja se preselim (*pfv. a.*) – to move out

prevod – translation

prezivati se, ja se prezivam – to give by surname

priča – story

pričati, ja pričam – to tell, to say

prihvatiti, ja prihvatim – to accept

prijati, ja prijam – to taste; prija mi – it tastes good

prilično – rather, pretty

primer – example; na primer – for example

primitivan, primitivna, primitivno (m/f/n) – primitive

pripadnik – member

pripremiti, ja pripremim (*pfv. a.*) – to prepare

pristati, ja pristanem (*pfv. a.*) – to assent, to consent, to accept

privreda – economy

proces – process, trail

prodavati, ja prodajem – to sell

profesorka – professor (*female*)

progutati, ja progutam (*pfv. a.*) – to swallow; progutati knedlu (*phrase*) – to have a lump in one´s throat

proizvodnja – production

promena – change

promeniti, ja promenim (*pfv. a.*) – to change

propali (m) – run-down; propali brak – failed marriage

propušten, propuštena, propušteno (m/f/n) – missed

propustiti, ja propustim (*pfv. a.*) – missed

prošlost – past

protiv – against

proveriti, ja proverim *(pfv. a.)* – to control

prvi svetski rat – the First World War

prvomajska parada – parade on 1st May

pustiti, ja pustim (*pfv. a.*) – to let; Pustimo to! – Let´s leave this subject!

put – way; na putu – on the way

R

rad (pl. radovi) – work; radovi u (*or*: na) polju – field work

radio – radio; G: radija

radit´ = raditi, ja radim – to do, to work

radnička prava – workers´ rights

rado – gladly, with pleasure

rođen, rođena (m/f) – born; rođeni otac – biological father

raširiti se, ja se raširim – to spread

raspoložen, raspoložena, raspoloženo (m/f/n) – humoured

rastava braka – divorce

rastaviti, ja rastavim (*pfv. a.*) – to separate; sve dok nas smrt ne rastavi – until death do us part

razgovor – conversation

razgovor za posao – job interview

razlog – reason

razmišljati, ja razmišljam – to think

razočarano – disappointed

razumeti, ja razumem – to understand

razvesti se, ja se razvedem (*pfv. a.*) – to divorce

razviti, ja razvijem (*pfv a.*) – to evolve, to develop

razvukla – pulled; inf: razvući, ja razvučem (*pfv. a.*) – to pull, to drag, to raise; razvući usta u osmeh – to pull the corners of one´s mouth upwards

reagovati, ja reagujem – to react

red – order; u redu – all right

rekao, rekla – told; inf: reći – to tell, to say; PPA: rekao, rekla, reklo

rod – family line; biti u rodu s – be related to

rođak – cousin

rođakinja (f) – kinswoman

rođen, rođena (m/f) – born

roditi, ja rodim – to give birth

ručak – lunch, midday meal

S

s – with; from, by

s nama – with us

sa = s – with; from, by

sada = sad – now

sagovornica – conversation partner (*female*)

sako – jacket (suit)

samo – only

Sanjica (*pet name*) = mala Sanja – little Sanja; Sanjice! (*vokativ*)

sastanak – date

sat = časovnik – clock

saznati, ja saznam (*pfv. a.*) – to get know

se – myself, yourself, etc.; one (*impersonal subject*); znaš kako se kaže? – Do you know what they say?

seljaci (pl.) – peasants, farmers; sg: seljak – peasant, farmer

selo – village

seo – sat; inf: sesti, ja sednem – to sit; PPA: seo, sela, selo

servis za opravke – repair service

shvatati, ja shvatam – to understand

sigurno – sure

simbol – icon, symbol

sjajno – shiny; beautifully

skup, skupa, skupo (m/f/n) – expensive

skuvati, ja skuvam (*pfv. a.*) – to cook

sledeći, sledeća, sledeće (m/f/n) – next

slici (*dat.*) – picture; N: slika – picture

slobodan, slobodna, slobodno (m/f/n) – free; slobodni prevod – free translation

slušati, ja slušam – to hear

smejati se, ja se smejem – to laugh

smeti, ja smem – may

smrt – death

snaša – daughter-in-law; young unmarried aunt; (*coll.*) young woman

spavaća soba – bedroom

spor, spora, sporo (m/f/n) – slow

srećan, srećna, srećno (m/f/n) – happy; lucky

sredina – environment, surroundings, region

srpski (m) – Serbian

stajati, ja stojim – to stand

stalno – constant, persistently

star, stara, staro (m/f/n) – old

stariji, starija, starije (m/f/n) – older

starogradska pesma – old town song

staromodan, staromodna, staromodno (m/f/n) – old-fashioned

stih – verse

sto – table

stomak – stomach

strofa – strophe

stvar – thing, issue

stvarno – really

subota – Saturday

sudbina – fate, destiny

svaki, svaka, svako (m/f/n) – each; every

sve dok – until, up to

svega – everything; svega na volju – everything your heart desires

svet – world

svi, sve, sva (pl. m/f/n) – all

svirati, ja sviram – to play an instrument

svoj, svoja, svoje (m/f/n) – own

svota – amount

Š

šaliti se, ja se šalim – to joke; Nemoj da se šališ! (*coll.*) – Don´t joke! Are you joking?

šansa – chance

šaren, šarena, šareno (m/f/n) – colourful

šećer – sugar

škola – school

štedeti, ja štedim – to save

štreber (*coll.*) – nerd, geek

šunka – ham

T

ta (f) – this

tada – at that time

tadašnji, tadašnja (m/f) – at that time

taj, ta, to (m/f/n) – this one

takmičiti se, ja se takmičim – to take part in the contest

takođe – too, also

tamburaš – tamburizza player

tamburica – tamburizza

tamno (n) – dark

tamo – there

tanjir – plate

te – (*acc.*) you

tebe – (*acc.*) you

teče – it flows. inf: teći, ja tečem – to flow

tek onda – only then

tema – subject

tešiti, ja tešim – to comfort

tiče → što se tiče – concerning, regarding

tih → 60-tih – in the sixties

tiho – quiet

tip (*coll.*) – guy, fellow

tipičan, tipična, tipično (m/f/n) – typical

to – this

to mi je drago – I am glad

toliko – that much

tradicionalan, tradicionalna, tradicionalno (m/f/n) – traditional

tražiti, ja tražim – to look for, to search

trebati, ja trebam – to need; should; šta mi je to trebalo? – What did I need this for?

trudna (f) – pregnant

tumačiti, ja tumačim – to interpret

Turska – Turkey

tužiti, ja tužim – to sue

tvrd, tvrda, tvrdo (m/f/n) – hard

U

udovica – widow

uključiti, ja uključim – to turn on

umesto – instead

umro, umrla (m/f) – passed away, dead

uništiti, ja uništim (*pfv. a.*) – to demolish

uopšte – generally

upoznati, ja upoznam (*pfv. a.*) – to know so.

upropastiti, ja upropastim (*pfv. a.*) – to ruin, to destroy

urbana sredina – urban surrounding, urban area

ušiju (g. pl.) → N: uho (pl. uši) – ear; biti zaljubljen preko ušiju (*phrase*) – to be head over heels in love

uskoro – soon

uspeti, ja uspem (*pfv. a.*) – to make sth., to manage sth., to create sth., to achieve sth.

utešiti, ja utešim (*pfv. a.*) – to comfort

uvek – always

užasno – terrible

uzdahnuti, ja uzdahnem (*pfv. a.*) – to sigh

uzeti, ja uzmem (*pfv. a.*) – to take

uzvratiti, ja uzvratim (*pfv. a.*) – to reply, to respond

V

valjda – probably

vam – (*dat.*) you

varmeđa (*hist.*) – administrative district building; administrative area in the Austro-Hungarian Monarchy; small town

Važi! (*coll.*) – Deal! Okay!

već – already

večan, večna, večno (m/f/n) – forever, everlasting

vek – century

veliko – big; kupovati na veliko – to wholesale

venčanje – wedding

venčano odelo – wedding suit

venčati se, ja se venčam (*pfv. a.*) – to marry, to get married

verovati, ja verujem – to believe; to think; Ne bi verovala! – You wouldn´t believe it!

verovatno – probably

veselo – cheerful

vezati, ja vežem (kravatu) – to tie (a tie)

vic (pl. vicevi) – joke

viđati, ja viđam – to date

video – seen; inf: videti, ja vidim – to see

videti, ja vidim – to see; PPA: video, videla, videlo

vikend – weekend

violina – violin

visiti, ja visim – to hang

visok, visoka, visoko (m/f/n) – high; big

vlastiti, vlastita, vlastito (m/f/n) – own

voditi, ja vodim (knjige) – to keep accounts

vojska – army

voleti, ja volim – to love; to be fond of so.; to like to do so.

volja – will; svega na volju – everything your heart desires

Voždovac – *district in Beograd*

vreme – time; u to vreme – at that time; nakon nekog vremena – after some time

Z

za – for

zadnji, zadnja, zadnje (m/f/n) – last

zahtevati, ja zahtevam – to demand

zajedno – together

zaljubljen, zaljubljena (m/f) – in love

Zamisli! – Imagine that!

zapevati, ja zapevam (*pfv. a.*) – to start singing

zar – *signal word for asking questions*

zar ne – isn´t it

zastati, ja zastanem (*pfv. a.*) – to pause

zašto – why

zato – because

zato što – because

zavezati, ja zavežem (*pfv. a.*) kravatu – to tie (a tie)

zavoleše (*hist.*) – they were fond of

završetak – end; na završetku – at the end

zbog – because; zbog toga – because of this

zbuniti se, ja se zbunim – to be confused, to become confused zgodno – nice, pretty

zgužvan, zgužvana, zgužvano (m/f/n) – crumpled

zidar – brick layer, brick mason

znade (*coll.*) = zna – she can, she know

znati, ja znam – to know; to know so.; can

zvati, ja zovem – to call; to term

zvezda – star

zvučiti, ja zvučim – to sound

Ž

žao mi je – I am sorry

žena – woman; wife

ženiti se, ja se ženim – to marry (*man*)

ženski, ženska, žensko (m/f/n) – female; ženska glava (*coll. pej.*) – wench, broad

žičani instrument – string instrument

život – life

Serbian Reader

Available from January 2026

READING BOOKS

Level A1 Beginners = Novice Low/Mid/High

Snežana Stefanović: Serbian Reading Book "Idemo dalje 1"
paperback, e-book, audiobook, interactive e-book with audio

Snežana Stefanović: Trifun i mali fudbaleri – Short Story
paperback & e-book

Snežana Stefanović: Serbian Reading Book "Idemo dalje 2"
paperback, e-book, audiobook, interactive e-book with audio

Level A2 = Intermediate Low

Snežana Stefanović: Serbian Reading Book "Idemo dalje 3"
paperback & e-book

Snežana Stefanović: Jokes and Anecdotes in Serbian - Part 1
paperback & e-book

Snežana Stefanović: Jokes and Anecdotes in Serbian - Part 2
paperback & e-book

Level A2 – B1 = Intermediate Mid/High

Snežana Stefanović: Serbian Reading Book "Idemo dalje 4"
paperback & e-book

<u>***Level C1 = Advanced High***</u>

Snežana Stefanović: Vreme – Short Stories
paperback & e-book

TEXTBOOKS

Snežana Stefanović: Learn Serbian Cyrillic
paperback & e-book

Snežana Stefanović: Serbian Vocabulary Practice A1 to the Book
"Idemo dalje 1" - Latin Script
paperback & e-book

Snežana Stefanović: Serbian Vocabulary Practice A1 to the Book
"Idemo dalje 1" - Cyrillic Script
paperback & e-book

Snežana Stefanović: Serbian Vocabulary Practice A1 to the Book
"Idemo dalje 2" - Latin Script
paperback & e-book

Snežana Stefanović: Serbian Vocabulary Practice A1 to the Book
"Idemo dalje 2" - Cyrillic Script
paperback & e-book

Snežana Stefanović: Serbian Simple Sentences 1
paperback, e-book, audiobook, interactive e-book with audio

Snežana Stefanović: Serbian Simple Sentences 2
paperback & e-book

Snežana Stefanović: Serbian Small Travel Vocabulary
e-book

Visit us on www.serbian-reader.com